D0051145

this book belongs To George
PuTSuJe
for his Birth day
Tigger can use it to

French for Cats

French for Cats

All the French Your Cat Will Ever Need

Henri de la Barbe
(Henry Beard)

TEXT BY HENRY BEARD
AND JOHN BOSWELL
ILLUSTRATIONS BY GARY ZAMCHICK

A JOHN BOSWELL ASSOCIATES BOOK
VILLARD BOOKS
NEW YORK
1991

**Library of Congress Cataloging-in-
Publication Data**

Beard, Henry
   French for cats : all the French your cat
will ever need / Henry Beard
      p.   cm.
   ISBN 0-679-40676-X
   1. French language—Humor.   2. Cats—
Humor.   3. French language—
Conversation and phrase books—English.
I. Title.
PN6231.F745D4   1991
448.3'421'0207—dc20   91-26882

9 8 7 6 5

Design: Barbara Aronica
Assistance in French Translation: Luc Brébion

French for Cats

The Cat
Le Chat

The Major Cat Parts
Les Parties Importantes du Chat

The Whiskers
Les Moustaches

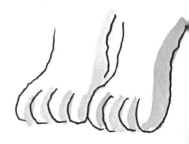

The Paws
Les Pattes

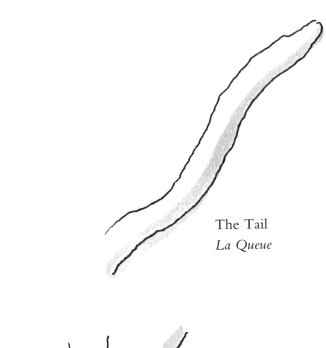

The Tail
La Queue

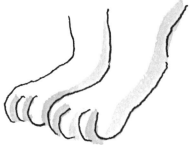

The Basic Cat Wardrobe
Les Vêtements Essentiels du Chat

The Bell
La Clochette

The Flea and Tick Collar
Le Collier Contre les Puces et les Tiques

The Name Tag
La Plaque d'Identité

The Cat Names
Les Noms du Chat

I will answer to these names:

Je répondrai à l'appel de ces noms:

Serafina	*Séraphine*
Caesar	*César*
Cleo	*Cléo*
Esmeralda	*Esméralda*
Mephisto	*Méphisto*
Sybil	*Cybèle*

I will not answer to these names:
Je ne répondrai pas à l'appel de ces noms:

Muffin	*Miche*
Fluffy	*Peluche*
Felix	*Félix*
Mittens	*Moufles*
Kitty	*Minet*
Garfield	*Garchamp*

What I Do
Ce Que Je Fais

I meow
Je miaule

I purr
Je ronronne

I sleep
Je dors

I sit and stare at nothing for
hours on end

*Je reste assis et je regarde fixement
dans le vide pendant des heures*

I run rapidly
from room
to room for
no apparent
reason

*Je cours
rapidement
d'une pièce
à l'autre
sans aucune
raison apparente*

What I Do Not Do
Ce Que Je Ne Fais Pas

I do not "fetch"
Je ne "rapporte" pas

I do not
catch Frisbees
in my mouth

*Je n'attrape pas
les Frisbees
dans ma bouche*

I do not chase cars
Je ne cours pas après les voitures

I do not guard houses
Je ne garde pas la maison

The Food Bowl
Le Bol pour Manger

The Four Cat Food Groups
Les Quatre Aliments de Base du Chat

One: The Dry Food
Une: La Bouffe Granulée

Two: The Canned Food
Deux: Les Conserves

Three: The Natural Foods
Trois: Les Vivres Fraîches

The Bird
L'Oiseau

The Mouse
La Souris

The Fish
Le Poisson

The Big Ugly Bug
La Vilaine Grosse Bestiole

Four: The Forbidden Foods
Quatre: Les Aliments Tabous

The Rubber Band
L'Élastique

The Piece of String
Le Bout de Ficelle

The Dried Flower Arrangement
La Composition de Fleurs Séchées

The Paper Clip
Le Trombone

The Tinsel
Les Cheveux d'Ange

The Potted Plant
La Plante en Pot

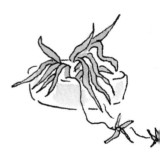

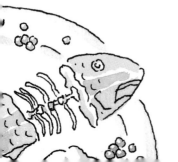

The Food Left
Unguarded on
the Table

*Les Aliments
Qu'On a
Laissés Sans
Surveillance
sur la Table*

I want
food in
my bowl

*Je veux
qu'on remplisse
mon bol*

I want
food in my
bowl now

*Je veux
qu'on
remplisse
mon bol
immédiatement*

I'm waiting
J'attends qu'on me serve

The Unpleasant Medicinal Additives
Les Médicaments Désagréables

The Nasty Gob of Goo
La Chose Gluante et Dégoûtante

The Foul-Tasting Liquid
Le Liquide Répugnant

The Heap of Bitter Powder
Le Tas de Poudre Amère

Do not put additives
in my food unless you
are sure that I am dying

Ne mettez pas de médicaments
dans ma nourriture à moins
que vous soyez sûr que
je suis en train de mourir

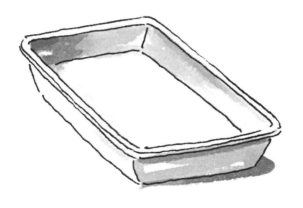

The Litter Box
La Boîte du Chat

The Kitty Litter
La Litière pour les Chats

I need to use my litter box
Il faut que je me serve de ma boîte

A little privacy, please

*Je désirerais me cacher des regards
indiscrets, si cela ne vous dérange pas*

It is time to change
the kitty litter

*Le moment est venu
de changer la litière*

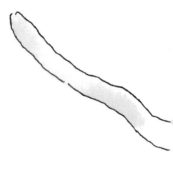

The Nap
Le Petit Somme

The Nap Place
L'Endroit du Somme

Perhaps there has been
some misunderstanding

*Il y a peut-être
eu un malentendu*

Remove yourself from my nap
place at once

*Sortez de l'endroit où je fais
mes sommes immédiatement*

The Cat Bath
Le Bain à Coups de Langue

I prefer to
give myself
my own bath

*Je préfére
me laver
tout seul*

The Scratching Post
Le Poteau pour Faire Ses Griffes

The Territory
Le Territoire

The Tabby Cat
from Next Door

*Le Chat Tigré
de la Maison d'à Côté*

The Siamese Cat
from the House in Back

*Le Chat Siamois
de la Maison du Fond*

And the priceless
oriental carpet

*Et le tapis
oriental inestimable*

I also like to scratch
the handmade silk drapes

*J'aime aussi griffer
les tentures de soie faites à la main*

I would much rather
scratch the sofa

*J'aimerais beaucoup
mieux griffer le canapé*

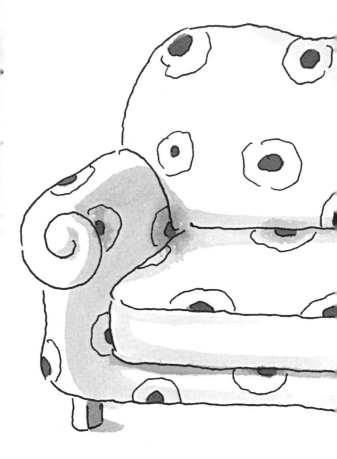

The Sofa
Le Canapé

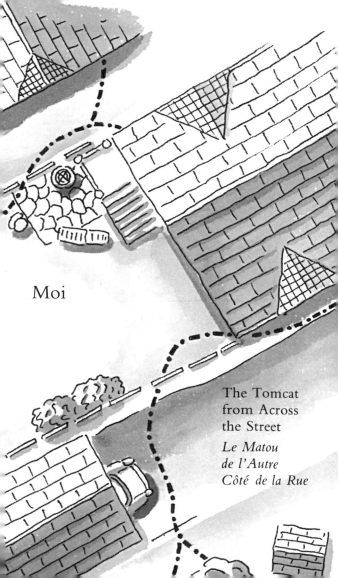

Moi

The Tomcat
from Across
the Street
*Le Matou
de l'Autre
Côté de la Rue*

I like to sit in
my territory

*J'aime m'asseoir dans
mon territoire*

Voila
Voilà

Here it comes now
Attention, ça vient

The Fur Ball
La Boule de Poils

I think I am going to
cough up a fur ball

*Je crois que je vais
cracher une boule de poils*

This sometimes can have
an irritating side effect

*Parfois ça peut avoir
un effet secondaire agaçant*

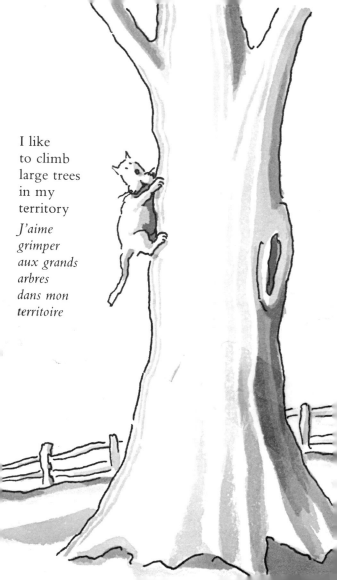

I like
to climb
large trees
in my
territory

*J'aime
grimper
aux grands
arbres
dans mon
territoire*

I am less fond
of climbing down

*J'aime moins
en descendre*

The Cat Carrier
Le Porte-Chat

I do not like the
cat carrier

*Je n'aime pas
le porte-chat*

I do not like
to go to hot
places with
no mice

*Je n'aime pas
aller là où il fait
très chaud et
où il n'y a pas
de souris*

I do not like
to go to
other cats'
houses

*Je n'aime
pas aller
chez d'autres
chats*

As a matter of fact,
I do not like to leave
my territory for any reason
whatsoever

*En fait, je n'aime pas
sortir de mon territoire
pour quelle que raison que ce soit*

The Vet
Le Vétérinaire

Most of all
I do not like
to go to the vet
*Surtout je n'aime
pas aller
chez le
vétérinaire*

I do not want
to be stuck
with a huge needle

*Je ne veux pas
qu'on me pique
avec une aiguille énorme*

I do not want
to have all my
toenails pulled out

*Je ne veux pas
que mes ongles
soient arrachés*

I do not want
to be neutered

Je ne veux pas être châtré

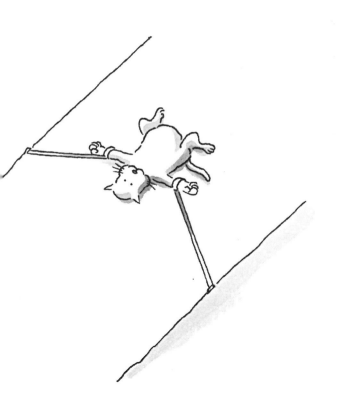

I do not want to take
the Big Nap before my
nine lives are up

*Je ne veux pas faire
le Grand Somme avant
que mes neuf vies soient épuisées*

The Play
Le Jeu

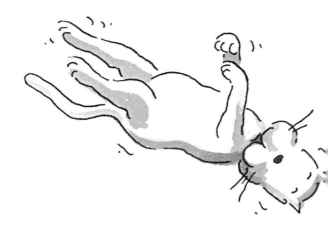

The Cat Toys
Les Jouets de Chats

The Rubber
Mouse
*La Souris
en Caoutchouc*

The Cloth
Mouse
*La Souris
en Tissu*

The Ball
of Yarn
La Pelote

The Ball with
a Bell in It
*La Balle avec
une Clochette Dedans*

The cat toys are boring
Les jouets de chats sont ennuyeux

I do not wish to play with my cat toys
Je ne veux pas m'amuser avec mes jouets

The Things That Are Not,
Strictly Speaking, Cat Toys,
But Which Nevertheless
Have Great Play Value

*Les Choses Qui Ne Sont Pas,
à Proprement Parler,
des Jouets de Chats, Mais Qui Ont
Tout de Même une Grande Valeur pour le Jeu*

The Vase
Le Vase

The Lamp
La Lampe

The Knickknack
Le Bibelot

The Little
Crystal
Candy Dish
*Le Petit Plat
en Cristal
Rempli de Bonbons*

I like to play with things
that are not, strictly speaking,
cat toys

*J'aime jouer avec les choses qui ne sont
pas, à proprement parler, des jouets
de chats*

Alas, they are not very durable
C'est la vie

The Hunt
La Chasse

The Stealthy Pursuit
La Poursuite Furtive

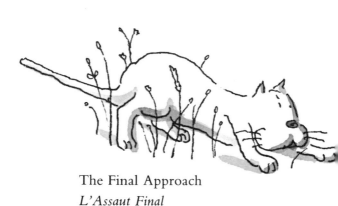

The Final Approach
L'Assaut Final

The Pounce
L'Attaque

The Preferred Prey
La Proie Préférée

The Cute But Stupid
Little Furry Thing
Le Petit Animal à Fourrure
Mignon Mais Stupide

The Baby Bird That Has
Not Yet Mastered the Art of Flight
Le Bébé Oiseau Qui n'a Pas
Encore Maîtrisé l'Art du Vol

The Rejected Prey
La Proie Refusée

Whatever Has Been
Tearing Up the Lawn
Qui a Labouré la Pelouse

Whatever Has Been Eating
All the Flowers
Qui a Mangé Toutes les Fleurs

Sometimes I choose to
play with my prey

*Tantôt je choisis de jouer
avec ma proie*

Sometimes I decide to
rip my prey to shreds

*Tantôt je décide de déchirer
ma proie en petits morceaux*

Where do you want me to put this?

Où voulez-vous que je mette ça?

The Enemies
Les Ennemis

The Bad Dog
Le Mauvais Chien

The Neighbor's Cat
Le Chat du Voisin

The Lawn Mower
La Tondeuse à Gazon

The Mean Child
L'Enfant Méchant

I wish that the lawn mower
would run over the neighbor's cat

*Je voudrais que la tondeuse à gazon
écrase le chat du voisin*

I wish the bad dog
would bite the mean child

*Je voudrais que le mauvais chien
morde l'enfant méchant*

When I meow, it means . . .
Quand je miaule, ça veut dire . . .

I am hungry . . . I want food in my bowl . . . I want food in my bowl right now . . . I am not dying—do not put that goo on my food . . . You are in my nap place . . . Here comes a fur ball . . . The cat door is broken . . . I want to go out . . . I want to come in . . . Brush me . . . Get my cat toy out from under the sofa . . . It is time to change the litter . . . Why did you get out the cat carrier? I do not want to go to the vet . . . There is a bad cat in my territory . . . I just put a mouse in the bureau drawer . . . I do not like this new dried food . . . I am wet . . . I hate being wet . . . I did not break that vase . . . Get me down from this tree . . . I need to use my litter box . . . I feel an overpowering urge to run rapidly from room to room . . . Please kill the dog next door . . . Hello . . . Good-bye . . .

J'ai faim . . . Je veux qu'on remplisse mon bol . . . Je veux qu'on remplisse mon bol tout de suite . . . Je ne suis pas en train de mourir—ne mettez pas cette chose gluante sur ma nourriture . . . Vous êtes assis là où je fais mes sommes . . . Voici une boule de poils . . . La porte du chat ne marche pas . . . Je veux sortir . . . Je veux rentrer . . . Brossez-moi . . . Allez chercher mon jouet sous le canapé . . . C'est le moment de changer la litière . . . Pourquoi avez-vous sorti le porte-chat? Je ne veux pas aller chez le vétérinaire . . . Il y a un chat méchant dans mon territoire . . . Je viens de mettre une souris dans le tiroir de la commode . . . Je n'aime pas ce nouveau type de bouffe granulée . . . Je suis mouillé . . . Je déteste être mouillé . . . Je n'ai pas cassé ce vase . . . Aidez-moi à descendre de cet arbre . . . Il faut que je me serve de ma boîte . . . Je me sens un irrésistible besoin de courir rapidement d'une pièce à l'autre . . . Je vous en prie, tuez le chien de la maison d'à côté . . . Bonjour . . . Au revoir . . .

HENRI DE LA BARBE is the nom de plume of HENRY BEARD, who has been looking for another opportunity to use his knowledge of French and winning ways with members of other species ever since he wrote the best-selling *Miss Piggy's Guide to Life*. He is also the author of *Latin for All Occasions* and the forthcoming sequel *Latin for Even More Occasions,* and a firm believer in the pesky but potentially highly profitable secondary school foreign language requirement.

And sometimes I just like
to carry my prey around
*Et tantôt j'aime tout simplement
porter ma proie ici et là*